LA FRANCE

ET

LA DIPLOMATIE

LA SITUATION PRÉSENTE ET SES CONCLUSIONS LOGIQUES

LETTRES A L'ASSEMBLÉE

« *Les pouvoirs personnels* ont eu leur tour ;
« les peuples arrivent. »   CHATEAUBRIAND.

Soit pour ravager, comme les barbares sous la
conduite d'un barbare ; soit pour fonder et orga-
niser sous la main du génie chrétien l'ère de la
fraternité des peuples.

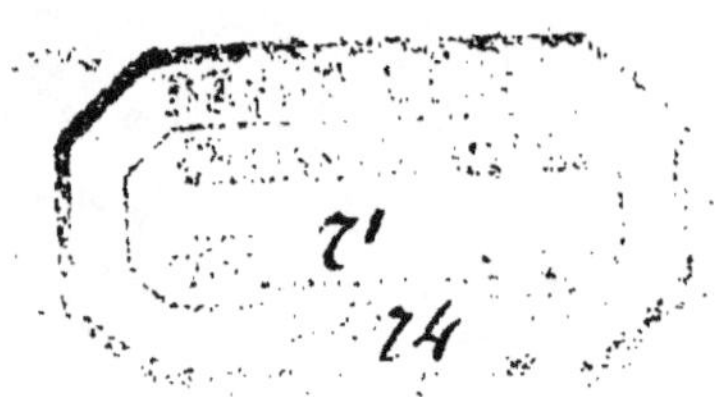

PARIS

DENTU, ÉDITEUR,

6, PALAIS-ROYAL, 17 ET 19, GALERIE D'ORLÉANS.

—

1874

LA FRANCE ET LA DIPLOMATIE.

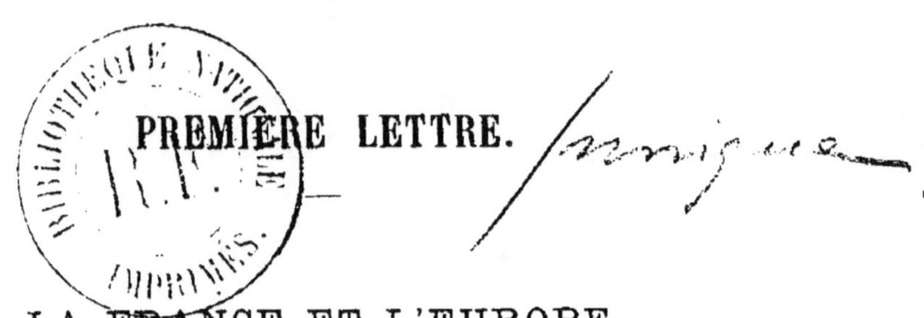

PREMIÈRE LETTRE.

LA FRANCE ET L'EUROPE.

> « Vous arrivez trop tard au bout de ma
> vie...... (1)
>
> CHATEAUBRIAND.

Je me suis engagé, dans un écrit dont M. le président Buffet a eu la politesse de m'accuser réception, à mettre en lumière l'autorité et le pouvoir tels que le font les principes de la légitimité moderne. Cette entreprise serait folie, si elle était autre chose que la défense de la société sur la pierre de mon foyer. Il y a quarante ans, le prétoire s'attacha au front cet écriteau : « je ne dois pas la » justice à mes adversaires politiques. » Hier encore la cour de cassation envoyait à l'échafaud l'honnête homme accusé qui n'avait pas trois cents pour prouver son innocence. Aujourd'hui, un assassin pille et tue sur la voie publique ; et, par la vertu de son crime, il enterre au prétoire, au moyen d'un jugement par défaut, la victime qu'il a jugulée sur le carrefour, parce quelle n'a plus, pour se défendre, l'argent qu'on lui a volé dans la rue : c'est l'étiage des bassesses humaines. Quand la main qui blesse l'honnête homme est celle de la loi, c'est la société qui est frappée au cœur.

---

(1) Je constate par ces paroles de M. de Châteaubriand la date du drame que je porte sur la scène publique, solidarisé qu'il est avec la politique qui a perdu le pays.

Je parle donc, au nom de tous ceux qui cherchent en vain justice, et heurtent le front à la barrière fatale du xixe siècle — point d'argent, point de lois.

Il ne s'agit pas dans ces lettres de politique de fantaisie; Il s'agit de retrouver, par les lumières communes que la société met à portée de tous, les bases de la justice et du droit commun, sans lequel il n'y a plus de gouvernement possible. Il s'agit de rendre à la France le rôle que la nature et Dieu lui ont assigné; et pour cela, de retrouver le lit du fleuve que cherchent les eaux nourricières du génie français et de la démocratie. Elles ne sortent pas des clubs, mais des musées et des églises.

Au reste, si je touche aux plaies de la patrie, c'est parce que j'envois le remède. La justice et la vérité se révèlent toujours à qui les cherche de bonne foi, et ceux-là cherchent sincèrèrement le juste et le vrai, qui portent depuis quarante ans le poids des prévarications publiques. Et ce remède, au plutôt cette vérité politique que je porte à l'Assemblée, je la puise aux sources mêmes où l'Europe remonte par toutes ses aspirations. Elle n'a pas rompu avec le patrimoine sacré des arts; et n'accepte pas le détrônement de la civilisation par le bouc de l'apocalypse hégélienne.

« Il y a cinquante ans, dit le *Mémorial diplomatique*, » que la majeure partie des cabinets a déserté les prin- » cipes conservateurs, soit en sacrifiant les droits de la » nation; soit en cédant aux caprices et aux volontés chan- » geantes des multitudes. » Cinquante ans en arrière, que trouvons-nous, et quelle est la situation du monde? Nous trouvons la révolution féodale qui précipita Chateaubriand du pouvoir. Où en était la France de cette époque? Que pensait-on d'elle en Russie, en Allemagne, en Angleterre? C'était le temps où la présence aux affaires de son plus grand poète, le père des lettres contemporaines, valait à la France un accroissement de considération constaté par ses ambassadeurs. Nous étions chez nous, à Berlin, quand le roi de Prusse conduisait M. de Chateaubriand dans ses oratoires remeublés, en dépit de Luther, par le *Génie du Christianisme*. Nous étions honorés er Russie, quand l'empereur Alexandre disait : je signerai, les yeux fermés, tout ce qui me sera présenté au nom de M. de Chateaubriand. L'Angleterre, l'Espagne, l'Italie suivaient le courant. Les papes recevaient le poète, son livre ouvert sur leur table. Un conclave en corps l'honorait d'un hommage sans précédent dans les fastes du sacré collége. Des cardinaux écrivaient avec lui le *Conservateur*. Royalistes et Républicains se savaient en sûreté sous la tente de l'homme qui avait sauvé la vie de Carrel. Louis XVIII, aux Tuileries, et Napoléon à Sainte-Hélène proclamaient la puissance et la magnanimité de son génie ; et la jeunesse de 1830 portait en triomphe à travers Paris, aux bruits de la révolution, le poète-orateur qui se rendait à la chambre des pairs pour la combattre.

Chateaubriand n'est pas un accident de génie, il est le dernier anneau de la chaîne qui amarre la civilisation quarante siècles en arrière. Après la Terreur, la France pensante n'était qu'un ciel en lambeaux promené sur nos têtes, avec ses astres hagards et ses nuages foudroyés. Chateaubriand relia au même centre toutes ces masses lumineuses. Il fit évoluer dans le même orbite, à la clarté du même soleil, tous les monuments du génie humain ; et pénétrer dans les arts, dans la religion, dans la politique, l'harmonie des trois cultes dont la France a résumé le génie. L'antiquité retrouve son origine divine ; le Christianisme, le secret de ses travaux et le terme commun où la religion et les arts conduisent le monde : « L'égalité démocratique naturelle devant les hommes, » comme elle existait devant Dieu. » A partir de Chateaubriand, l'histoire n'est plus un ossuaire ; la poésie, un monde de fantômes. L'antiquité retrempée au foyer chrétien se lève, dans sa parure rajeunie. Les vertus, les grandeurs, les beautés du passé deviennent l'héritage de tous ; et le genre humain se retrouve une famille de frères. Vingt siècles de génie classique avaient fait parler la création , et transporté à l'homme les lumières et les harmonies de la nature. Vingt siècles de travaux chrétiens avaient fait parler l'âme humaine , et donné au monde classique l'idéal incorruptible qui lui manqua. Avant 89, l'alliance des deux sociétés fut inconsciente. Le peuple enfant boit, avec la foi , la sève classique , à la mamelle de l'église , sans se douter de leur consanguinité divine. A partir de 89 , les choses changent. Le poète germanique a vu dans l'auréole d'une grande victoire démocratique l'aurore d'une ère nouvelle , à Valmy. Chateaubriand , mieux apparenté de doctrine avec l'antiquité biblique et classique voit un monde nouveau sortir des revolutions ; et les grecs de Racine « qui sont chrétiens » annoncent qu'un peuple de citoyens est né d'un peuple poète ; et que le monde passe sous d'autres lois. Le *Génie du Christianisme* est la résultante des travaux de vingt siècles pour la restauration de l'ordre naturel ; la raison mixte sortie du foyer classique et chrétien ; la forme concrète du génie juif, grec et romain, qui est l'âme de nos travaux, et le fonds de notre civilisation. Par la mise en présence des deux sociétés qui s'exposent au Vatican , le poète français donne à conclure leur consanguinité d'origine ; et ouvre la première voie de la Fraternité politique. Voilà pourquoi le grand ouvrage de Chateaubriand reste le phare du XIXe siècle ; pouquoi l'Europe et la France tressaillirent d'espérance à son apparition ; pourquoi *le monde se crut sauvé ,* lorsqu'après vingt-cinq ans de convulsions et de tempêtes, il retrouva les bases de l'ordre social ramené à Dieu.

La poésie du père des lettres contemporaines fut le banquet des idées préparateur de la fraternité sociale ; sa politique fut le champ d'asile des partis.

C'est par là qu'il fut donné au génie d'un homme d'imprimer à « l'âme de son siècle la forme qu'elle garpe » encore maintenant, » et de créer la situation politique qui reste gravée dans la mémoire de l'Europe. Elle résume, cette situation, tout ce qu'il y a de vrai dans la religion, de fécond dans les arts, et de puissant dans la politique ; parce qu'elle embrasse, par ses racines, le double domaine où la civilisation a fleuri. Les révolutions n'ont pas la cause infime et vulgaire que l'esprit de parti leur attribue. Ni Charles X, ni Louis-Philippe, ni Napoléon (1) n'ont voulu l'injustice et la ruine de leur gouvernement. L'autorité a manqué au pouvoir : les puissances organiques de l'ordre social leur ont fait défaut ; et ils se sont crus l'âme et le bras de la France, trompés qu'ils étaient par des ministres sans génie, et plus d'une fois sans probité. L'édifice écroulé sur leur tête leur a prouvé que l'homme est toujours petit et court, lorsqu'il s'agit de porter le poids des siècles. La cause première des révolutions, c'est l'ignorance ou la perturbation du plan divin dont la justice est l'essence, dont la fraternité politique est la fin. Or les principes, les travaux dont se nourrit la fraternité humaine sont une généalogie dont toutes les parties sont réciproquement solidaires ; dont les anneaux, étroitement liés les uns aux autres, viennent se rattacher à leur pôle immobile : Dieu. Le Dieu du xviiie siècle n'est pas celui dont on n'approche qu'en portant des œillères. C'est le Dieu qui prête à l'évangile l'auréole des arts ; dont le temple a pour base les deux mondes du Vatican, et pour couronnement, le culte et l'art inaugurés par le *Génie du Christianisme*. Toute l'histoire de France est sortie de là.

Par son électisme d'idées et de croyances, Chateaubriand fonda la religion philosophique. Par sa poésie classique à base chrétienne, il prépara l'harmonie des cultes. Par sa politique de transaction, il fonda le pouvoir rationnel.

En rompant avec le grand homme qui lui avait ramené

---

(1) Au point de vue du droit féodal (avant 89) Louis-Philippe, sur le trône, usurpait le trône. Sous l'empire du principe démocratique, après 89, les princes d'Orléans sont, dans la Maison de France, le droit commun, ou l'égalité du droit. Seulement, il faut que la France en trouve d'abord la formule.

les générations nouvelles, la Restauration rompit avec l'autorité du génie et les lois civiles. La *doctrine* creusa un abîme entre la politique de fait et le monde régulateur qui doit la nourrir. L'empire jeta par terre la puissance morale que Napoléon Ier avait salué au sommet des siècles : Rome ; et mit la force brutale sur l'autel. La Restauration ouvrit donc la voie au réalisme ; la Doctrine le fit roi, entre l'athéisme légal et le fait accompli ; l'empire, lui donna sa muse : Thérésa. Ainsi s'expose, dans l'histoire, le bilan des révolutions ; depuis le moment où le parti féodal, en jetant Chateaubriand par la fenêtre, rompit sous ses pieds le terrain où florissait, avec l'harmonie de la religion et des arts, l'avenir de la France.

Si la société n'a que faire des arts et des lettres, du classique antique ou moderne ; s'il est indifférent au poète, à l'artiste, à l'industriel de voir au sommet de la hiérarchie pensante le Dieu de l'Aretin à la place du Dieu d'Homère ou de Phidias ; alors l'œuvre de Châteaubriand est une crypte ; et gloire à la fille de Madame Angot. Mais si l'histoire est une généalogie, et l'humanité une famille ; si nous avons des ancêtres, et « un passé glorieux à con- » tinuer » alors le poète qui valut à la France un accroissement de considération dans le monde est le dernier jalon (1) où s'arrêtent les siècles qui nous portent, et les travaux restaurateurs de la civilisation. Il marque la route où l'Europe nous suivait avec enthousiasme, entraînée par la religion de l'Evangile et des arts réconciliés par le génie, la liberté et l'honneur. C'est donc un *quiproquo* énorme de la part des héritiers de la politique Vitrolles, Corbière, Polignac, que la prétention de renouer la politique française aux ordonnances de juillet. Le nœud des révolutions est là. Et il s'en va temps qu'il soit tranché.

---

(1) Le jalon d'une situation épuisée qui donne la clé de l'avenir par ce qu'elle se compose de tous les affluents du génie antique et moderne, et résume toutes les forces organiques du passé.

Le droit préexistant et l'extrême droite.

Après les blasphèmes de *l'Univers* je ne connais pas de doctrine plus incendiaire que celle de *l'Union*. Quand la France traîne au bord du gouffre où, depuis quatre-vingt ans s'abîment tous les gouvernements personnels ; quand deux religions en discorde se disputent les âmes : celle qui a fait la Renaissance et celle qui la proscrit, et qu'on est incapable de dire qu'elle est la bonne ; quand deux politiques s'entre-déchirent : celle qui a fait l'Édit de Nantes et celle qui l'a révoqué ; et qu'il vous est interdit de choisir ; on laisse toute la matière sociale à l'écart, et on gouvernera par le *bon plaisir* la France moderne ?

Et sans rien comprendre à la nature de l'autorité ; à la génération des pouvoirs ; à la généalogie de l'histoire ; sans rien savoir sur la filiation du monde moderne — au moins de ce que nos maîtres nous ont enseigné — sur nos rapports avec l'antiquité par le christianisme ; et avec l'église, par le génie des anciens ; sans rien entendre à ces choses, on rebatira le monde politique avec les débris de ses ossuaires ? Pour remettre la monarchie debout, il suffira de détruire ce qu'elle a mis dix siècles à bâtir ? Pour rendre à la religion son lustre, il suffira de retrancher ses travaux et son génie ?

Mais si la naissance fait un roi définitif et absolu, propriétaire des corps et des âmes, c'est à Clovis qu'il fallait laisser le titre monachique, ou à sa race ; puisque c'est lui qui donna sa patrie politique au christianisme. Je ne vois après lui que révolte et usurpation. Comment ! la deuxième race aura dépossédé la première ; la troisième, chassé la seconde ; et la France n'aura pas le droit de changer un pouvoir qui fait barrage au mouvement social ? Que si le titre monarchique se lie à l'établissement du dogme chrétien, il en partage nécessairement la destinée ; et alors, nécessité est de savoir où le progrès chrétien nous mène. Or le progrès social qui n'est autre chose que l'alliance du monde classique avec le monde chrétien, du *vrai* avec le *beau* absolu, et réciproquement ; le progrès a fait d'abord un monde de philosophes qui éclaira l'Europe ; ensuite, une société de poètes qui l'ont reformée ; et il travaille à faire un peuple souverain, conscient de ses destinées ; sachant ses fins civiles et religieuses. Ce peuple citoyen, souverain par la vertu des principes qu'il possède, c'est la suprême et finale démonstration du christianisme. De toutes ces choses se compose la souveraineté moderne et le titre du suffrage universel. Le vote politique n'est donc pas une fonction, mais un droit ; le droit pour chacun de connaître les idées naturelles qui préparent aux lumières surnaturelles ; de puiser aux sources publiques la lumière et la force qui le font croyant et social ; d'apporter à la constitution du pouvoir ce qu'il emprunte de vertu civile et religieuse aux foyers ouverts par l'Église et l'État, pour en composer le titre de l'autorité mère du pouvoir. C'est enfin le droit pour une nation de prononcer sur l'œuvre chrétienne, le *vere hic erat filius Dei* du soldat romain. Hors de là, rien de chrétien, rien de français, rien de royaliste ; partant, rien de légitime.

Les principes dont se compose la légitimité sociale n'ont pas une existence indépendante de la réalité. Il ne suffit pas de dire : je veux la justice, pour que la justice soit. Les principes ne sont que les prémisses des faits mûris par le progrès. C'est la révélation de la vérité chrétienne par la forme classique ; de l'humanité spirituelle par l'humanité sensible ; des idées, par les intérêts et les situations qui constitue la légitimité. Le travail progressif de ce temps, la conclusion des travaux de l'histoire au xixe siècle, n'est pas une affaire de théorie, mais une révolution dans les faits, révolution conforme à la nature de l'intérêt en travail de se réaliser, le droit civil. Le droit civil, c'est le suffrage universel et le moyen de l'exercer ; c'est l'égalité devant la loi, sans fiction, sans argent et sans privilège. A l'œuvre philosophique du moyen-âge, il fallut des écoles libres ; à l'œuvre morale de l'âge classique, les académies et les théâtres indépendants. Pour l'œuvre politique et civile du XIXe siècle, il faut le prétoire et le forum indépendants et souverains ; le tête-à-tête entre la conscience humaine et la vérité. Qu'au peuple mineur un pouvoir d'octroi, de lisière, de force ait été nécessaire pour le conduire, c'est la loi des choses. Mais du moment que la vérité chrétienne rayonne dans les arts et lettres, mêlée aux idées naturelles et ne fesant qu'un avec elles ; dès lors qu'un monde se lève, le monde classique et rationnel, prédécesseur de l'église, c'est à la raison qu'il appartient de conduire l'homme à la foi ; parce que la raison classique, ses formes, son culte, sa doctrine, c'est la lumière primordiale qui donne jour sur le monde chrétien ; c'est l'ordre naturel réduit en personne, c'est-à-dire la puissance primitive et définitive qui a droit de ramener les formes sociales au type fourni par les lois de la création. Voilà la *religion philosophique* appelée par tous les esprits d'élite, depuis Leibnitz jusqu'à Chateaubriand, sous les mains de qui elle s'affirme pour la première fois.

Eh bien, par le seul fait d'un principe de pouvoir préexistant à la nation, vous tuez la nation comme personne pensante ; parce que vous interposez un corps neutre entre la raison de l'homme et le Dieu qui la nourrit. Est-ce que le livre du monde qui enseigne Dieu et celui du génie qui l'interpréta sont un privilège de situation ? Quel prince a fait parler la création pour en déduire le culte religieux ? Quel roi interpréta l'humanité du génie pour en déduire les lois sociales ?

Donc, la pensée de tous dans la tête d'un homme qui *ne reçoit pas des leçons, mais seulement des hommages ;* la volonté publique dans la volonté d'un seul, c'est la révolution en permanence et la fatalité des Turcs. Des royalistes de bonne trempe, Michaud, le voyaient ainsi. La doctrine est impie, la doctrine de l'octroi ; parce qu'elle supprime pour la nation le droit qu'elle a d'aller à Dieu par les moyens que Dieu lui donne. Elle est anarchique, parce qu’elle annule dans ses mains le droit qu’elle a de modifier le pouvoir pour l’adapter aux conditions de justice fournies par l’autorité : *auctores*. Isolé dans une situation exclusive, le prince octroyant attire à soi tout ce qui est exclusif et violent. L’institution disparaît, l’homme fait saillie avec ses misères. On se cache dans ses plaies pour en vivre, et M. de Corbière blotti dans les jambes de Louis XVIII, décoche dans l’ombre, à Chateaubriand, le trait empoisonné qui doit tuer la monarchie. Supposez sur le trône le meilleur des princes ; il ne donnera que ce qu’il a ; je veux dire ce qu’il reçoit de l’église, dominée à cette heure par la secte ultramontaine et ses iconoclastes. Et ce qui lui vient de cette église là, c’est la haine de l’ordre civil et de la liberté ; la haine des rois et des papes ; et surtout du clergé gallican qui furent tous l’instrument de la restauration démocratique, sans laquelle Rome n’est qu’une impossibilité, sinon un monstre. Où donc sont les choses légitimes, quand on est en guerre avec Dieu et avec les hommes ? « Ou l’église a trahi Dieu et l’humanité par la » restauration du génie et des arts ; et l’église est à bas. » Ou la restauration classique est une œuvre voulue de » Dieu ; et alors, ceux qui la nient sont hors de » l’église. » (1) Où sera l’hérésie, si elle n’est pas là où le Christianisme est né dans son œuvre capitale : la restauration de l’ordre naturel ? Où, la révolution, si elle n’est pas dans la doctrine de révolte qui souille et déshonore ce qui fut et reste l’objet du culte des siècles ? Reconnaissez-vous, au contraire, l’autorité classique comme l’autorité maîtresse de l’enseignement ? Montrez-moi ses conclusions pratiques sur le terrain civil et religieux ; je ne les vois pas. Axiômes à la portée des lycéens de philosophie : une fois l’antiquité ancrée sur l’évangile, et rétablie dans ses droits, le dogme chrétien n’est plus attaché à la foi qui n’examine pas ; mais à la foi qui raisonne, et uti-

(1) « La France et l’armée. »

lise les lumières classiques, parce que les idées naturelles, personnifiées moralement par la poésie classique, et politiquement par la souveraineté du peuple, sont le premier témoignage souverain de l'existence de Dieu avant l'ère chrétienne ; qu'elles portent avec elles tout le système de l'ordre naturel et civil, l'objet des travaux chrétiens ; et qu'elles sont devenues partie intégrante du dogme lui-même. Mais là où le droit royal est préexistant, le dogme chrétien cesse de l'être ; parce qu'il perd, avec ses annexes classiques, non-seulement ces vérités de raison et de foi naturelle qui précédèrent l'évangile, mais encore la puissance d'édification qui les féconde ; c'est-à-dire les formes personnelles sans lesquelles l'idée divine n'est qu'un crépuscule sans méridien ; un ciel sans soleil. Les *ultra-roy* croient qu'il leur suffirait du vieux dogme féodal sur le trône pour rallier l'Europe à leur politique ? C'est précisément leur religion et leur politique qui mettent l'Europe en feu. Demandez à l'Autriche, à la Russie, à l'Angleterre ce qu'elles préfèrent de la politique de Chateaubriand ou de celle de M. Laurentie ; de la religion de Bossuet ou de celle de l'*Univers*. L'Europe attend de la France une politique qui reverbère son génie : car le génie de la France est celui de l'humanité. L'Europe ne veut pas plus de la peste hégélienne, que de la folie ultramontaine. Elle attend de nous, comme religion, le bénéfice des lumières que Rome expose et propose : cette religion philosophique et complète par le culte des arts et le culte des dogmes qui prend l'homme dans toutes les profondeurs du monde pensant, sur tous les horizons de l'histoire, pour le ramener à Dieu. La première fois qu'au seuil du XIXe siècle les deux flambeaux de l'humanité mêlèrent leurs rayons sur les autels de la patrie, la France des arts devint un moment le miroir de la destinée humaine ; et reçut de ses vainqueurs d'un jour des hommages qu'Athènes ne décerna jamais au vainqueur de l'Asie. Aujourd'hui le sacerdoce ultramontain a tout renversé. Cette renaissance qui est une *decadence* ; ces *anciens* qui sont *des vauriens* ; cet agneau symbole, qui est un bourreau : toutes ces folies à froid ; ces blasphèmes inconscients et dévots ; ce tohu-bohu féodal et théologal ; tout cet écroulement de notre édifice religieux et poétique ont fait, dans les âmes, le même chaos ou était plongée la terre à la venue de Jésus-Christ. Or l'église ultraciste est l'âme de la monarchie absolue. C'est parce qu'elle s'est dite *propriétaire de la chrétienté* que les rois d'octroi sont propriétaires de la France. Les *ultra-royalistes* n'ont donc pas derrière eux les grandeurs monarchiques ; ils en sont la négation. Les grandeurs de notre passé, c'est la philosophie qui éclaira l'Europe ; c'est la poésie qui la réforma ; c'est le droit civil de 89 et les législateurs qui l'ont préparé. Et de tout cela, les royalistes-vitrolles n'en veulent pas. Il leur faut l'art. 14 de la Charte octroyée pour bouleverser le pays par des coups de tête contre Dieu et le génie des siècles. Il leur faut la politique qui tua Louis XVI, dénonça Louis XVIII à l'Europe comme un révolutionnaire ; chassa, sous les deux rois, tous les ministres capables de sauver le pays, et jeta par la fenêtre le grand homme qui avait rapatrié la monarchie et pouvait seul la faire vivre. Et de cette politique, l'Europe n'en veut pas ; témoin ses sympathies d'autrefois pour la politique contraire ; et ses regrets du moment pour la situation que cette politique illustra. De même qu'elle abhorre cette religion *de fanatisme et d'orgueil* qui prétend imposer à l'Espagne grandie les langes de l'enfance ; et refuse aux peuples dissidents, avec les lettres et le droit civil, cette branche de la catholicité qui ramène à Dieu, par la raison, ceux qui ont cessé de croire au Dieu de la force et des supplices. Par quel renversement des choses voyons-nous la Prusse prendre en Espagne et contre nous, le rôle qui fit de Richelieu le fondateur des libertés de l'Allemagne ? (1) C'est que le

---

(1) Sauf que l'académie *berline* n'a pas en arrière le siècle d'Abeilard et de Saint-Louis ; et en avant, celui de Louis XIV, pour réformer le monde politique.

parti catholico-féodal a rompu avec la politique française et la religion de Saint-Louis. Si la politique féodale était regardée par l'Europe comme la garantie de l'ordre social, qu'ils nous fassent donc en Prusse et en Russie, par la religion de l'*Univers* qui est le fond de leurs croyances, la situation qu'y avait faite à la France le génie de Chateaubriand. Ils trouveront chez l'étranger la haine de ce qu'il appelle l'*idiotisme catholique* ; le mépris complet de la secte iconoclaste à qui nous devons les convulsions qui agitent la France et le monde. Si la France traîne, avec sa couronne de génie, sous les pieds des barbares, son âme aux quatre vents, comme la pensée d'une armée vaincue s'évanouit dans la fumée ardente du champ de bataille ; à qui la faute ?

Le monde civilisé croit, avec l'Eglise que « le Chris- » tianisme a produit ce qu'il y eut de plus héroïque sur » la terre. » G. Sand.

Il croit, avec les papes que les anciens sont nos maîtres, comme révélateurs du *vrai* par le *beau* ; du monde des principes par celui des formes. Et que « chaque fois que » l'humanité, éternellement progressive, voudra se faire » une idée approchée du beau absolu, c'est à la Grèce » qu'elle la demandera : Proudhon. » C'est donc la conscience universelle qui parle ici.

L'Europe cherche le lien des choses naturelles avec les choses surnaturelles ; de la *foi naïve avec la foi réfléchie :* Cousin ; de la lumière qui nourrit les âmes, avec la lumière de génie qu'expose le livre de la création. Le grand besoin du temps, c'est la vérification de l'œuvre chrétienne, et le pourquoi de la restauration classique. Il faut à l'Europe un viaduc entre le monde évangélique et le mondedes arts. Et la main de la France est seule capable d'en élever les fortes assises. Et parce que la situation idéale de la France, il y a cinquante ans, fondée par le génie de Chateaubriand résumait les travaux des siècles, et donnait satisfaction au double besoin du monde, la pensée de la diplomatie se reporte invinciblement vers la politique et l'époque qui ouvrirent xixe siècle, l'ère de la fraternité. Et c'est là que les vents des quatre horizons la ramènent.

« Rome, dit l'Europe (1) protestante, est le plus puissant organisme qui soit au monde. » L'organisme romain se compose de deux choses : une âme et un corps. Cette âme, c'est. l'évangile ; ce corps, le monde classique. L'*Univers* dit non ! Rome est un réceptacle de révoltés, c'est vrai, dit Hégel ; et voilà pourquoi nous voulons raser Rome. A la *religion de l'orgueil*, la force athée montre son ivresse. Entre les deux spectres, le fils de Saint-Louis, un bandeau sur les yeux, un poignard à la main cherche la révolution pour la frapper : la France en travail d'enfant reçoit le coup.

« Tout est possible en France, disait Louis-Philippe à » M. Scribe, mais rien n'y dure, parce qu'on n'y respecte » plus rien. » D'où vient le cancer qui nous ronge ? Calculez tout ce que représentent de génie et de vertu les quarante siècles échelonnés de Rome à Paris. Voyez ensuite ce qui traîne sous les pieds de la saturnale conduite par l'*Univers ;* et dites quelle chose respectable reste debout où la saturnale a passé. Après cette débauche de profanation qui part du sanctuaire, il resterait quelque chose de sacré ? Par sa politique, Henri V est l'ennemi d'Henri IV, de François Ier, de Saint-Louis et de Louis XIV : c'est-à-dire de la justice et de l'égalité, des arts et des lettres qui en donnent la forme, de la politique qui en a consacré les droits, celle de l'édit de Nantes ; le portique vivant du siècle des arts sous lequel Richelieu fit passer l'Allemagne ?

Par sa religion, Henri V est l'ennemi de l'église de France, qui a fait la monarchie ; du génie de arts qu'elle

____

(1) L'Europe a besoin que la France soit grande et sage, dit l'Empereur de Russie.

Je crois aux destinées futures de la France : M. Disraëli.

inspira ; des institutions civiles dont elle fut le promoteur: l'ennemi de Rome, qui n'est plus, sans nous, qu'une Andromède clouée, entre deux monstres, à son rocher mythologique.

Dans eette crise suprème de la civilisation parvenue à son troisième terme, deux souverainetés sont en présence : l'autorité classique, foyer de la raison, et l'autorité chrétienne, foyer de la foi. Elles se partagent la France, l'Europe et le monde. Vingt siècles de labeur, en mariant la religion et les arts, en ont tiré la situation idéale sur laquelle plane encore le Père des lettres contemporaines. L'*Univers* et les *ultra-royalistes* renouvellent contre notre histoire le *non* de Luther, réduisant le génie humain et l'ordre social au *moi* d'un Erostrate ou d'un fou. Voilà pourquoi le monde tremble et s'agite dans les ténèbres. Les peuples et les gouvernements se cherchent dans l'ombre pour s'entre détruire. L'homme cherche Dieu ; il trouve un homme : il cherche son semblable ; il trouva une bête de proie. Le grand témoin de Dieu *(vox Dei, vox populi)* est étranglé à la porte d'ivoire. Et la presse s'étonne (1) de la haine vouée par la démocratie à l'Église, la mère du suffrage universel et de l'égalité ? Mais qu'y a-t-il de commun entre l'Église qui ralluma le flambeau des lettres, et la secte qui les proscrit ? Une fille mère qui prétend retenir son fruit par le cordon de l'ombilic : voilà l'Église ultramontaine et sa politique. Entre Carylde et Scylla les gouvernements talonnent et le navire crève. Ou l'autorité classique est un enfer ; et alors balayez les siècles qu'elle nourrit et qui nous portent, ou bien elle est la règle du monde ; et alors apprenez à la connaître et ployez. Les hommes d'Etat qui veulent le pouvoir sans posséder l'autorité, sans être en règle avec l'autorité ; et qui comptent

(1) *Le Constitutionnel.*

sur la force brutale pour avoir raison de la France en ébullition, se trompent.

La démocratie, l'âme de la France, est fille de Dieu par l'esprit, de la nature par les formes ; heurtée par le despotisme et la bêtise, elle monte et devient tonnerre ; elle descend sous terre et devient volcan. Et les petits grands hommes sans code et sans épée qui *avaient conçu de grands projets pour le bonheur* du monde, s'en vont trivialement à la dérive ; en soufflant à pleins poumons pour faire reculer le torrent, sur l'écume du torrent qui les emporte.

« Je vais passer en revue les partis, bonapartiste, doc-
» trinaire, légitimiste et catholique, chacun en regard de
» son principe. Ensuite j'exposerai dans la mesure de mes
» forces la forme de pouvoir qui se compose de tout ce
» qu'il y a de légitime dans l'histoire. »

P.-V. GRATIOT.

(Mme DE LUZ)

La Rochelle. — Typ. A. SIRET.